目次

Printed and bound in Great Britain by
Marston Book Services Ltd, Oxfordshire

紫式部

作：山中彰子
挿絵：チバコウタロウ
監修：穴井宰子

平安時代《へいあんじだい》の京都《きょうと》に、たいへん頭《あたま》が良《よ》いと評判《ひょうばん》の女《おんな》の子《こ》がいました。女《おんな》の子《こ》の名前《なまえ》は、藤原香子《ふじわらかおるこ》。漢文《かんぶん》の学者《がくしゃ》、藤原為時《ふじわらためとき》の娘《むすめ》です。ある日《ひ》、為時《ためとき》が息子《むすこ》に歴史《れきし》を教《おし》えていた時《とき》のことです。

「『史記《しき》』の一節《いっせつ》を読《よ》んでみなさい。」

と、為時《ためとき》が息子《むすこ》に言《い》いました。すると、隣《となり》に座《すわ》っていた香子《かおるこ》が、

「沛公旦日百余騎《はいこうたんじつひゃくよき》を従《したが》え、来《き》たりて項王《こうおう》に見《み》えんとす。（沛公《はいこう》は、馬《うま》に乗《の》った兵士《へいし》たちを従《したが》えて、項王《こうおう》に会《あ》いに行《い》きました。）」と『史記《しき》』をすらすらと語《かた》り始《はじ》めました。

『史記《しき》』は、中国《ちゅうごく》の古《ふる》い歴史物語《れきしものがたり》で、たくさんの漢字《かんじ》があり、子《こ》どもにはとても難《むずか》しい内容《ないよう》です。その『史記《しき》』を香子《かおるこ》は兄《あに》よりも早《はや》く覚《おぼ》えてしまったのです。為時《ためとき》は「なんて頭《あたま》の良《よ》い子《こ》だろう。」と、驚《おどろ》きました。

「大《おお》きくなったら、お父様《とうさま》みたいな学者《がくしゃ》になりたい！」と香子《かおるこ》は言《い》いました。

兄《あに》と一緒《いっしょ》に勉強《べんきょう》したいと思《おも》い、香子《かおるこ》はいつも兄《あに》のそばで父《ちち》の話《はなし》を聞《き》いていました。しかし、平安《へいあん》時代《じだい》の女性《じょせい》には、漢文《かんぶん》の勉強《べんきょう》が許《ゆる》されていませんでした。

「男《おとこ》だったら、立派《りっぱ》な学者《がくしゃ》になれただろう。でも、お前《まえ》は女《おんな》の子《こ》だから、あきらめなさい。」

と、為時《ためとき》は残念《ざんねん》そうに言《い》いました。

「どうして、女《おんな》の子《こ》は学者《がくしゃ》になれないのだろう。」

幼《おさな》い香子《かおるこ》には、それが理解《りかい》できませんでした。

九百九十九年《きゅうひゃくきゅうじゅうきゅうねん》、賢《かしこ》く成長《せいちょう》した香子《かおるこ》は、二十七歳《にじゅうななさい》の時《とき》に藤原宣考《ふじわらのぶたか》という貴族《きぞく》と結婚《けっこん》し、その一年後《いちねんご》に娘《むすめ》の賢子《けんこ》を生《う》みました。けれども、結婚生活《けっこんせいかつ》は長《なが》くは続《つづ》きませんでした。結婚《けっこん》してからたったの二年《にねん》で、宣考《のぶたか》は病気《びょうき》になり、死《し》んでしまったのです。

夫《おっと》を亡《な》くした香子《かおるこ》は、とても寂《さび》しくなりました。そんな時《とき》、幼《おさな》かった頃《ころ》に父《ちち》が「男《おとこ》だったら、立派《りっぱ》な学者《がくしゃ》になれただろう。」と褒《ほ》めてくれたことを思《おも》い出《だ》しました。「学者《がくしゃ》になれなくても、女《おんな》だって何《なに》かできるはず。」文章《ぶんしょう》を書《か》くのが好《す》きだった香子《かおるこ》は、物語《ものがたり》を書《か》き始《はじ》めました。小説《しょうせつ》を書《か》いている時《とき》だけは、香子《かおるこ》は寂《さび》しさを忘《わす》れることができました。

香子《かおるこ》は、光源氏《ひかるげんじ》という美《うつく》しい王子《おうじ》を主人公《しゅじんこう》にして歌《うた》や恋《こい》、生《せい》と死《し》など、人生《じんせい》の様々《さまざま》なことについて書《か》いていきました。光源氏《ひかるげんじ》の周《まわ》りで次々《つぎつぎ》と起《お》こるできごとは、誰《だれ》にとっても身近《みぢか》なもので、読《よ》む人《ひと》をはらはらさせました。香子《かおるこ》の友《とも》だちは競《きそ》ってその小説《しょうせつ》を読《よ》むようになり、やがて京都《きょうと》の貴族《きぞく》たちの間《あいだ》でも、評判《ひょうばん》は広《ひろ》がっていきました。貴族《きぞく》の権力者《けんりょくしゃ》、藤原道長《ふじわらみちなが》もその噂《うわさ》を聞《き》き、小説《しょうせつ》を読《よ》んでみることにしました。道長《みちなが》は、たちまち光源氏《ひかるげんじ》の物語《ものがたり》に夢中《むちゅう》になりました。

「この物語《ものがたり》を書《か》いた者《もの》は、とても頭《あたま》が良《よ》いにちがいない。」

道長《みちなが》は、香子《かおるこ》を自分《じぶん》の屋敷《やしき》に呼《よ》びました。

「香子殿《かおるこどの》、あなたが書《か》いている小説《しょうせつ》は素晴《すば》らしい。あなたには、文学《ぶんがく》の才能《さいのう》がある。」

と、道長《みちなが》は香子《かおるこ》を褒《ほ》めました。香子《かおるこ》は、

「ありがとうございます。」

と言《い》って、深《ふか》くおじぎをしました。道長《みちなが》は軽《かる》くうなずくと、香子《かおるこ》の方《ほう》に近寄《ちかよ》って言《い》いました。

「私《わたし》には、彰子《あきこ》という娘《むすめ》がいます。娘《むすめ》は一条天皇《いちじょうてんのう》と結婚《けっこん》して、宮廷《きゅうてい》に住《す》んでいる。娘《むすめ》に文学《ぶんがく》を教《おし》えてもらえないだろうか。」

それを聞《き》いて、香子《かおるこ》は驚《おどろ》きました。彰子《あきこ》に教《おし》えるためには、宮廷《きゅうてい》に住《す》まなければいけません。おとなしい性格《せいかく》の香子《かおるこ》には、華《はな》やかな宮廷《きゅうてい》での暮《く》らしがとても不安《ふあん》でした。けれども、

「光源氏《ひかるげんじ》の物語《ものがたり》を書《か》き続《つづ》けるために、宮廷《きゅうてい》での暮《く》らしが役《やく》に立《た》つかもしれない。」と、香子《かおるこ》は考《かんが》えました。

「私《わたくし》でよろしければ。」

香子《かおるこ》はそう言《い》って、道長《みちなが》の願《ねが》いを引《ひ》き受《う》けました。

宮廷《きゅうてい》に入《はい》り、彰子《あきこ》の侍女《じじょ》となった香子《かおるこ》は、『紫式部《むらさきしきぶ》』と呼《よ》ばれるようになりました。平安《へいあん》時代《じだい》の宮廷《きゅうてい》はとても華《はな》やかでした。香子《かおるこ》は、毎日《まいにち》、きれいな十二単《じゅうにひとえ》の着物《きもの》をまとった美《うつく》しい女性《じょせい》たちに囲《かこ》まれていました。道長《みちなが》の娘《むすめ》の彰子《あきこ》は、一生懸命勉強《いっしょうけんめいべんきょう》をする賢《かしこ》い女性《じょせい》で、彰子《あきこ》と香子《かおるこ》はすぐに仲良《なかよ》くなりました。

ある日《ひ》のこと、彰子《あきこ》は香子《かおるこ》に言《い》いました。

「一条天皇《いちじょうてんのう》は、私《わたし》のことを好《す》きではないのです。なかなか私《わたし》と話《はな》してくれません。」

その頃《ころ》、一条天皇《いちじょうてんのう》はもう一人《ひとり》の妻《つま》が死《し》んでしまい、とても悲《かな》しんでいました。誰《だれ》とも会《あ》おうとしないで、彰子《あきこ》に話《はな》しかけることもしませんでした。夫《おっと》を亡《な》くした香子《かおるこ》には、一条天皇《いちじょうてんのう》と彰子《あきこ》の二人《ふたり》の悲《かな》しみがよく分《わ》かりました。

「彰子様《あきこさま》。今度《こんど》、一条天皇《いちじょうてんのう》に源氏《げんじ》の物語《ものがたり》を読《よ》んでさしあげてください。」

と、香子《かおるこ》は彰子《あきこ》に優《やさ》しく言《い》いました。彰子《あきこ》は、一条天皇《いちじょうてんのう》に源氏《げんじ》の物語《ものがたり》を贈《おく》り、天皇《てんのう》のそばで源氏《げんじ》の物語《ものがたり》を読《よ》みました。天皇《てんのう》は、黙《だま》って聞《き》いていました。彰子《あきこ》は毎日毎日《まいにちまいにち》『源氏物語《げんじものがたり》』を読《よ》み聞《き》かせました。源氏《げんじ》はたくさんの女性《じょせい》と恋《こい》をします。なんと、源氏《げんじ》は自分《じぶん》の兄《あに》の妻《つま》とも恋《こい》をしてしまうのです。そのことが知《し》られて、ついに源氏《げんじ》は京都《きょうと》から追《お》い出《だ》されてしまいます。

一条天皇《いちじょうてんのう》は、「続《つづ》きが気《き》になりますね。源氏《げんじ》は、京都《きょうと》に戻《もど》って来《こ》られるのでしょうか。」と、彰子《あきこ》に笑顔《えがお》を見《み》せておっしゃいました。

いつものように香子《かおるこ》が彰子《あきこ》に勉強《べんきょう》を教《おし》えていると、そこへ一条天皇《いちじょうてんのう》がやってきて、言《い》いました。

「紫式部殿《むらさきしきぶどの》は、歴史《れきし》を良《よ》く知《し》っているようですね。きっと漢文《かんぶん》もお読《よ》みになるのでしょう。なんて、頭《あたま》の良《よ》い女性《じょせい》だ。」

一条天皇《いちじょうてんのう》に褒《ほ》められて、香子《かおるこ》は喜《よろこ》びました。この時代《じだい》、歴史《れきし》の本《ほん》には漢文《かんぶん》が使《つか》われていました。香子《かおるこ》は漢字《かんじ》が読《よ》めたので、歴史《れきし》の本《ほん》をたくさん読《よ》むことができたのです。ところが、宮廷《きゅうてい》の貴族《きぞく》たちは、天皇《てんのう》の言葉《ことば》を聞《き》いて、とても驚《おどろ》きました。そして、「紫式部《むらさきしきぶ》は、女《おんな》のくせに漢文《かんぶん》を読《よ》んでいる。」などと香子《かおるこ》の悪口《わるぐち》を言《い》うようになったのです。

香子《かおるこ》はとても傷《きず》つきました。そして、昔《むかし》、父《ちち》に「男《おとこ》だったら」と言《い》われたことを思《おも》い出《だ》しました。男《おとこ》だったら、漢文《かんぶん》を読《よ》んでも悪口《わるぐち》は言《い》われなかったでしょう。

「なぜ、私《わたくし》は男《おとこ》に生《う》まれなかったのだろう。」

香子《かおるこ》は、悲《かな》しみで涙《なみだ》を流《なが》しました。そして、

「これからは、二度《にど》と漢文《かんぶん》は読《よ》まない。たとえ一《いち》の字《じ》でも、漢字《かんじ》は絶対《ぜったい》に使《つか》わない。」

と、心《こころ》に決《き》めました。そして、父《ちち》からもらった漢文《かんぶん》の本《ほん》をすべて捨《す》ててしまいました。

香子《かおるこ》は、すっかり元気《げんき》をなくしてしまいました。そんなある日《ひ》、京都《きょうと》の町《まち》を歩《ある》いていると、香子《かおるこ》の横《よこ》を一台《いちだい》の牛車《ぎっしゃ》が通《とお》りました。牛車《ぎっしゃ》の窓《まど》が開《あ》いていて、中《なか》に座《すわ》っている人《ひと》の姿《すがた》が見《み》えました。香子《かおるこ》はその人《ひと》を見《み》て、はっとしました。その人《ひと》は、子《こ》どもの頃《ころ》とても仲《なか》の良《よ》かった友《とも》だちでした。香子《かおるこ》はなつかしくなって、思《おも》わず声《こえ》をかけようとしました。ところが、女性《じょせい》は香子《かおるこ》には気《き》づかず、牛車《ぎっしゃ》は通《とお》り過《す》ぎて行《い》ってしまいました。

「本当《ほんとう》にあの方《かた》だったのかしら。彼女《かのじょ》は、私《わたくし》のことを覚《おぼ》えているかしら。」

香子《かおるこ》は、牛車《ぎっしゃ》を見送《みおく》りながら思《おも》いました。

「久《ひさ》しぶりにお会《あ》いして、いろいろなお話《はなし》がしたかったのに。」

と、寂《さび》しい気持《きも》ちになりました。そして、幼《おさな》い頃《ころ》に遊《あそ》んだ故郷《ふるさと》の少女《しょうじょ》たちのことを思《おも》い出《だ》しました。

「今頃《いまごろ》、皆《みな》さんはどうしているかしら。幸《しあわ》せでいらっしゃるかしらね。」

そのとき、香子《かおるこ》はふと思《おも》いました。

「そうだ。彼女《かのじょ》たちをお話《はなし》の中《なか》で描《えが》いてみたい。」

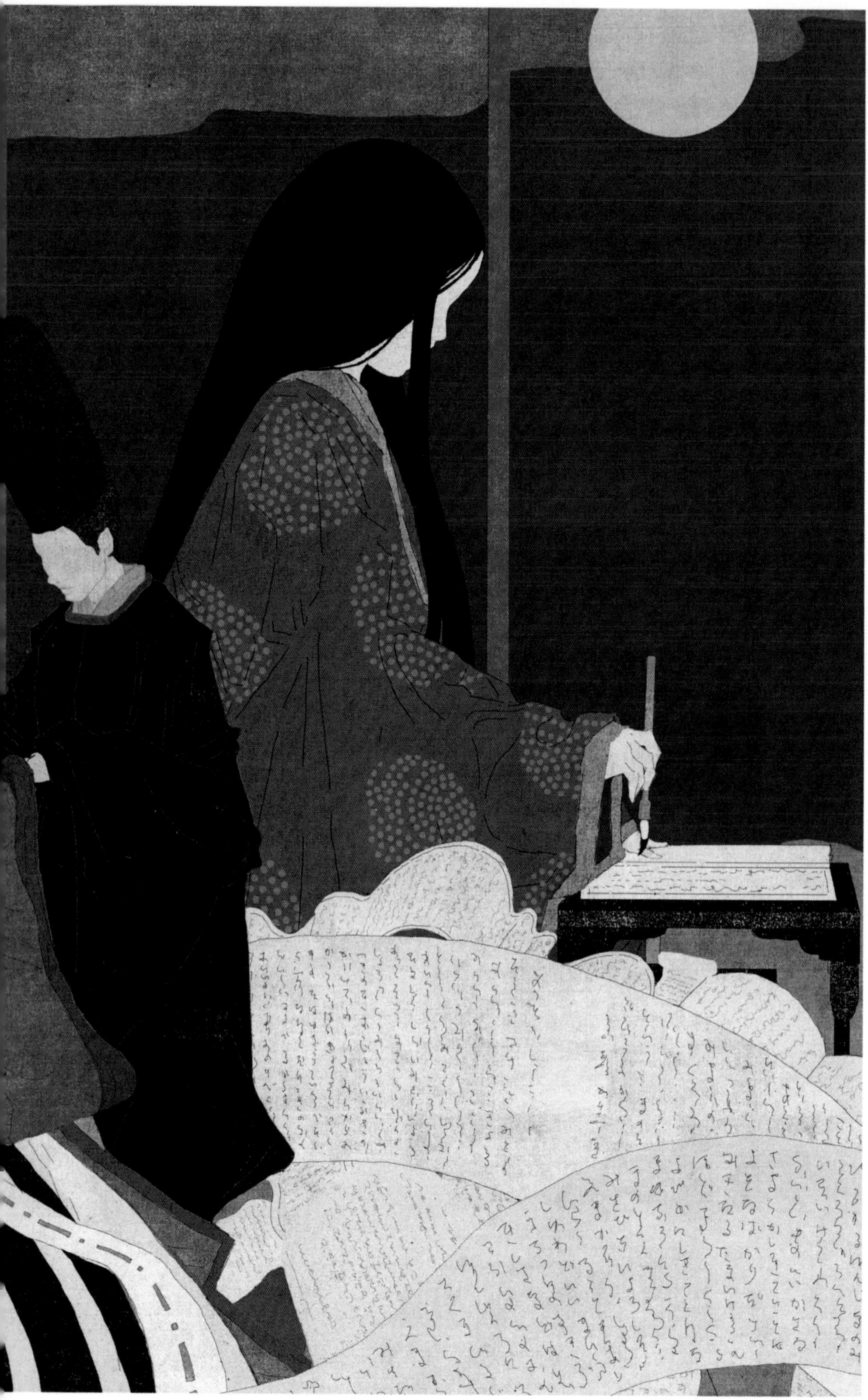

宮廷《きゅうてい》へ戻《もど》ると、香子《かおるこ》は物語《ものがたり》の続《つづ》きを書《か》き始《はじ》めました。なつかしい友《とも》だちを一人《ひとり》一人《ひとり》思《おも》い出《だ》しながら、光源氏《ひかるげんじ》と恋《こい》をする女性《じょせい》たちを描《えが》いたのでした。

千十年《せんじゅうねん》、香子《かおるこ》はついに『源氏物語《げんじものがたり》』を書《か》き終《お》えました。書《か》き始《はじ》めてから、十年《じゅうねん》もの月日《つきひ》が経《た》っていました。その三年後《さんねんご》、香子《かおるこ》は静《しず》かに宮廷《きゅうてい》を去《さ》って行《い》きました。

香子《かおるこ》が『源氏物語《げんじものがたり》』を書《か》いてから、すでに千年以上《せんねんいじょう》が経《た》ちました。香子《かおるこ》は紫式部《むらさきしきぶ》として知《し》られ、今《いま》でも日本《にほん》で一番有名《いちばんゆうめい》な作家《さっか》の一人《ひとり》です。そして『源氏物語《げんじものがたり》』は世界中《せかいじゅう》で翻訳《ほんやく》され、たくさんの人々《ひとびと》に読《よ》まれています。

赤い蝋燭と人魚

原作: 小川未明
挿絵: 毛利憲治
再話、監修:穴井宰子

北《きた》の海《うみ》の色《いろ》は青《あお》く、雲《くも》の間《あいだ》から、月《つき》の光《ひかり》が寂《さび》しく、波《なみ》の上《うえ》を照《て》らしていました。限《かぎ》りない、ものすごい波《なみ》がうねうねと動《うご》いていました。ある時《とき》、岩《いわ》の上《うえ》に、人魚《にんぎょ》が休《やす》んでいました。人魚《にんぎょ》は妊娠《みもち》でありました。なんという寂《さび》しい景色《けしき》だろう。どうして私《わたし》はこの冷《つめ》たい、暗《くら》い、気《き》の滅入《めい》りそうな海《うみ》の中《なか》に暮《く》らさなければならないのだろうと、人魚《にんぎょ》は思《おも》いました。

「人間《にんげん》の町《まち》は、美《うつく》しいそうだ。私《わたし》たちは、人間《にんげん》とあまり姿《すがた》は変《か》わっていない。それに、心《こころ》も魚《さかな》よりも人間《にんげん》に似《に》ているかもしれない。人間《にんげん》の世界《せかい》でも暮《く》らしていけるだろう。私《わたし》は、この寂《さび》しい北《きた》の青《あお》い海《うみ》の中《なか》で暮《く》らしてきたのだけれど、私《わたし》の子供《こども》に、こんな悲《かな》しい、頼《たよ》りない思《おも》いをさせたくない。子供《こども》と別《わか》れて、独《ひと》り海《うみ》の中《なか》に暮《く》らすのは、悲《かな》しいけれど、子供《こども》が幸《しあわ》せに暮《く》らすことができるなら、私《わたし》の喜《よろこ》びとなる。人間《にんげん》は、この世界《せかい》で一番《いちばん》やさしく、かわいそうな者《もの》や頼《たよ》りない者《もの》をいじめたり、苦《くる》しめたりしないそうだ。人間《にんげん》が育《そだ》ててくれたら、私《わたし》の子供《こども》は人間《にんげん》の仲間入《なかまい》りをして、幸《しあわ》せに生活《せいかつ》するだろう。」

人魚《にんぎょ》は、そう考《かんが》えたのでありました。

海岸《かいがん》の小高《こだか》い山《やま》に、神社《じんじゃ》の燈火《ともしび》がちらちらと見《み》えていました。女《おんな》の人魚《にんぎょ》は、冷《つめ》たい暗《くら》い波《なみ》の間《あいだ》を陸《おか》の方《ほう》に向《む》かって泳《およ》いで行《い》きました。

お宮《みや》のある山《やま》の下《した》に小《ちい》さな町《まち》がありました。小《ちい》さな蝋燭屋《ろうそくや》でお爺《じい》さんが白《しろ》い蝋燭《ろうそく》を作《つく》って、お婆《ばあ》さんが店《みせ》で売《う》っていました。町《まち》の人《ひと》や近《ちか》くの漁師《りょうし》が、この店《みせ》の蝋燭《ろうそく》を買《か》って山《やま》のお宮《みや》へお参《まい》りに上《のぼ》りました。

お宮《みや》の周《まわ》りには松《まつ》の木《き》がありました。風《かぜ》が、松《まつ》の枝《えだ》に当《あ》たって、昼《ひる》も夜《よる》もごうごうと鳴《な》っています。そして、お宮《みや》にあがった蝋燭《ろうそく》の火影《ほかげ》がちらちらとゆれるのが、遠《とお》い海《うみ》の上《うえ》から見《み》えました。

ある夜《よる》、お婆《ばあ》さんは、

「蝋燭《ろうそく》が売《う》れるのはお宮《みや》の神様《かみさま》のおかげです。ありがたいことです。お山《やま》へ上《のぼ》ってお参《まい》りをして来《き》ます。」と言《い》って、お山《やま》に上《のぼ》りました。月《つき》が丸《まる》く、昼間《ひるま》のように明《あか》るい夜《よる》でした。お婆《ばあ》さんがお参《まい》りをして、山《やま》を降《お》りて来《き》ますと、石段《いしだん》の下《した》に赤《あか》ん坊《ぼう》が泣《な》いていました。

「かわいそうに、誰《だれ》がこんな所《ところ》に赤《あか》ちゃんを捨《す》てたのだろう。もしかしたら、子供《こども》のない私《わたし》たち夫婦《ふうふ》に、神様《かみさま》がお授《さず》けになったのかもしれない。お爺《じい》さんと相談《そうだん》をして育《そだ》てましょう。」と、お婆《ばあ》さんは、赤《あか》ん坊《ぼう》を抱《だ》いて家《いえ》に帰《かえ》りました。その子《こ》は女《おんな》の子《こ》でした。そして胴《どう》から下《した》の方《ほう》は、魚《さかな》の形《かたち》をしていました。

「人間《にんげん》の子《こ》じゃあないが……。」

お爺《じい》さんも、お婆《ばあ》さんも、話《はなし》に聞《き》いている人魚《にんぎょ》にちがいないと思《おも》いました。

「でも、人間《にんげん》の子《こ》でなくても、なんというやさしい、可愛《かわい》らしい顔《かお》の女《おんな》の子《こ》でありましょう。

神様《かみさま》のお授《さず》けなさった子《こ》だから大事《だいじ》に育《そだ》てましょう。」と、お婆《ばあ》さんが言《い》いました。

「神様《かみさま》のお授《さず》け子《ご》だから、大事《だいじ》に育《そだ》てなければ罰《ばち》が当《あ》たる。」と、お爺《じい》さんも申《もう》しました。

それから、二人《ふたり》は、その女《おんな》の子《こ》を大事《だいじ》に育《そだ》てました。

人魚《にんぎょ》の赤《あか》ん坊《ぼう》は、美《うつく》しい、おとなしい怜悧《りはつ》な娘《むすめ》になりました。ある日《ひ》、娘《むすめ》は、おじいさんに「お手伝《てつだ》いを致《いた》しましょう。」と言《い》って、白《しろ》い蝋燭《ろうそく》に赤《あか》い絵《え》の具《ぐ》で魚《さかな》や貝《かい》や海草《かいそう》を上手《じょうず》に描《か》きました。お爺《じい》さんは、それを見《み》るとびっくりしました。誰《だれ》でも、その絵《え》を見《み》ると、蝋燭《ろうそく》がほしくなるような不思議《ふしぎ》な力《ちから》と美《うつく》しさがあったのであります。

「絵《え》を描《か》いた蝋燭《ろうそく》をおくれ。」

朝《あさ》から晩《ばん》まで、子供《こども》や大人《おとな》が蝋燭屋《ろうそくや》に来《き》ました。するど、ここに不思議《ふしぎ》な話《はなし》がありました。この絵《え》を描《か》いた蝋燭《ろうそく》を山《やま》の上《うえ》のお宮《みや》にあげて、その燃《も》えさしを身《み》に付《つ》けて海《うみ》に出《で》ると、どんな大暴風雨《だいぼうふうう》の日《ひ》でも、決《けっ》して船《ふね》が顛覆《てんぷく》したり、溺《おぼ》れて死《し》ぬような災難《さいなん》がないというのです。

「海《うみ》の神様《かみさま》を祭《まつ》ったお宮様《みやさま》だ。きれいな蝋燭《ろうそく》をあげれば、神様《かみさま》もお喜《よろこ》びなさる。」

と、町《まち》の人々《ひとびと》は言《い》いました。

遠方《えんぽう》の船乗《ふなの》りや漁師《りょうし》たちも、蝋燭《ろうそく》を買《か》ってお宮《みや》にお参《まい》りし、蝋燭《ろうそく》に火《ひ》をつけて、その燃《も》えさしを戴《いただ》いて帰《かえ》りました。山《やま》の上《うえ》のお宮《みや》には、夜《よる》も昼《ひる》も蝋燭《ろうそく》の火《ひ》が絶《た》えることはなく、特《とく》に、夜《よる》は美《うつく》しく赤《あか》い光《ひかり》が海《うみ》の上《うえ》からも見《み》えたのであります。

お爺《じい》さんは朝《あさ》から晩《ばん》まで蝋燭《ろうそく》を作《つく》ります。娘《むすめ》は、手《て》の痛《いた》くなるのも我慢《がまん》して赤《あか》い絵《え》の具《ぐ》で絵《え》を描《か》きました。娘《むすめ》は、月《つき》のきれいな夜《よる》に、窓《まど》から頭《あたま》を出《だ》して、遠《とお》い北《きた》の青《あお》い青《あお》い海《うみ》を涙《なみだ》ぐんで眺《なが》めていることもありました。

ある日《ひ》、南《みなみ》の国《くに》から、商人《しょうにん》が来《き》ました。北《きた》の国《くに》へ行《い》って珍《めずら》しいものを探《さが》して、それを南《みなみ》の国《くに》へ持《も》って行《い》って売《う》ります。この商人《しょうにん》は娘《むすめ》を見《み》ると、人間《にんげん》ではない珍《めずら》しい人魚《にんぎょ》であることを、すぐに見抜《みぬ》きました。そして、年《とし》より夫婦《ふうふ》にその人魚《にんぎょ》を売《う》ってくれと言《い》いました。

年《とし》より夫婦《ふうふ》は、娘《むすめ》は神様《かみさま》のお授《さず》けだからと言《い》って断《ことわ》りました。しかし、商人《しょうにん》は何度《なんど》もやって来《き》て、

「昔《むかし》から人魚《にんぎょ》は不吉《ふきつ》なもの。そのうちにきっと悪《わる》いことがある。」と、申《もう》したのであります。

年《とし》より夫婦《ふうふ》は、ついにこの商人《しょうにん》を信《しん》じてしまいました。それに、大金《たいきん》に心《こころ》を奪《うば》われて、娘《むすめ》を商人《しょうにん》に売《う》ってしまったのであります。

内気《うちき》な、やさしい娘《むすめ》は、泣《な》いて、願《ねが》いました。「どんなにも働《はたら》きますから、どうぞ知《し》らない南《みなみ》の国《くに》へ売《う》らないでください。」

月《つき》の明《あか》るい晩《ばん》、娘《むすめ》は、波《なみ》の音《おと》を聞《き》きながら、悲《かな》しんでいました。遠《とお》くの方《ほう》で、自分《じぶん》を呼《よ》んでいる声《こえ》が聞《き》こえたような気《き》がしました。けれど、窓《まど》の外《そと》には、ただ青《あお》い青《あお》い海《うみ》の上《うえ》に月《つき》の光《ひかり》が、はてしなく照《て》らしているばかりでありました。

娘《むすめ》は、部屋《へや》に座《すわ》って、蝋燭《ろうそく》に絵《え》を描《か》いていました。その時《とき》、商人《しょうにん》が大《おお》きな鉄格子《てつごうし》の檻《おり》を車《くるま》に乗《の》せて来《き》ました。虎《とら》や、獅子《しし》や、豹《ひょう》などを入《い》れたことがある檻《おり》です。

このやさしい人魚《にんぎょ》も、海《うみ》の中《なか》の獣物《けだもの》だというので、同《おな》じ檻《おり》に入《い》れるというのであります。

「さあ、お前《まえ》は行《い》くのだ。早《はや》く、早《はや》く。」と、年《とし》より夫婦《ふうふ》が言《い》いました。

娘《むすめ》は、絵《え》を描《か》くことができずに、蝋燭《ろうそく》をみんな赤《あか》く塗《ぬ》ってしまいました。

娘《むすめ》の悲《かな》しい思《おも》い出《で》に、部屋《へや》には赤《あか》い蝋燭《ろうそく》が二《に》、三本残《さんぼんのこ》っていました。

穏《おだ》やかな晩《ばん》でありました。とん、とん、と誰《だれ》か戸《と》を叩《たた》きました。

「蝋燭《ろうそく》をおくれ。」

色《いろ》の白《しろ》い女《おんな》が戸口《とぐち》に立《た》っていました。長《なが》い黒《くろ》い髪《かみ》がびっしょりと水《みず》に濡《ぬ》れて、月《つき》の光《ひかり》に輝《かがや》いていました。女《おんな》は真《ま》っ赤《か》な蝋燭《ろうそく》を取《と》り上《あ》げじっと見《み》ていましたが、やがてその赤《あか》い蝋燭《ろうそく》を買《か》って山《やま》へ上《のぼ》って行《い》きました。

その夜《よる》、急《きゅう》に天気《てんき》が変《か》わって、これまでにない大暴風雨《だいぼうふうう》となりました。

「この大暴風雨《だいぼうふうう》では、とてもあの船《ふね》は助《たす》かるまい。」と、年《とし》より夫婦《ふうふ》は、人魚《にんぎょ》の娘《むすめ》を乗《の》せた船《ふね》を思《おも》ってふるふると震《ふる》えながら話《はな》しました。

それから、赤《あか》い蝋燭《ろうそく》が山《やま》のお宮《みや》に灯《とも》った晩《ばん》は、どんなに天気《てんき》がよくても大嵐《おおあらし》になりました。そして、赤《あか》い蝋燭《ろうそく》は不吉《ふきつ》ということになりました。年《とし》より夫婦《ふうふ》は、蝋燭《ろうそく》屋《や》をやめてしまいました。

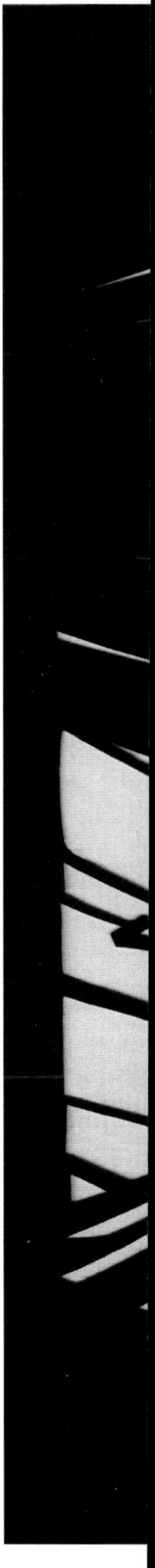

しかし、お宮《みや》には、毎晩《まいばん》、赤《あか》い蝋燭《ろうそく》が灯《とも》りました。いったい誰《だれ》が蝋燭《ろうそく》をあげているのでしょうか。昔《むかし》は、赤《あか》い絵《え》の蝋燭《ろうそく》の燃《も》えさしを持《も》っていれば、決《けっ》して海《うみ》の上《うえ》では災難《さいなん》にあわなかったものが、今《いま》は、赤《あか》い蝋燭《ろうそく》を見《み》ただけでも、その者《もの》は海《うみ》に溺《おぼ》れて死《し》んだのであります。

もう、山《やま》の上《うえ》のお宮《みや》に行《い》く者《もの》はいませんでした。船乗《ふなの》りは、沖《おき》から、お宮《みや》のある山《やま》を眺《なが》めて怖《おそ》れました。

「こんなお宮《みや》が、なければいいのに。」と、町《まち》の人々《ひとびと》は怨《うら》んだのであります。

北《きた》の海《うみ》はものすごく、はてしもなく、高《たか》い波《なみ》がうねうねとうねっています。波《なみ》は岩《いわ》に砕《くだ》け、白《しろ》い泡《あわ》が立《た》ち上《のぼ》っています。真《ま》っ暗《くら》な、星《ほし》も見《み》えない晩《ばん》に、波《なみ》の上《うえ》から、蝋燭《ろうそく》の光《ひかり》が、ゆらゆらと漂《ただ》よって、だんだん高《たか》く上《のぼ》って、山《やま》の上《うえ》のお宮《みや》の方《ほう》へ、ちらちらと動《うご》いて行《い》きました。

数年後《すうねんご》、お宮《みや》の下《した》の町《まち》は亡《ほろ》びて、なくなってしまいました。

俳句

作：山中彰子
挿絵：チバコウタロウ
監修：穴井宰子

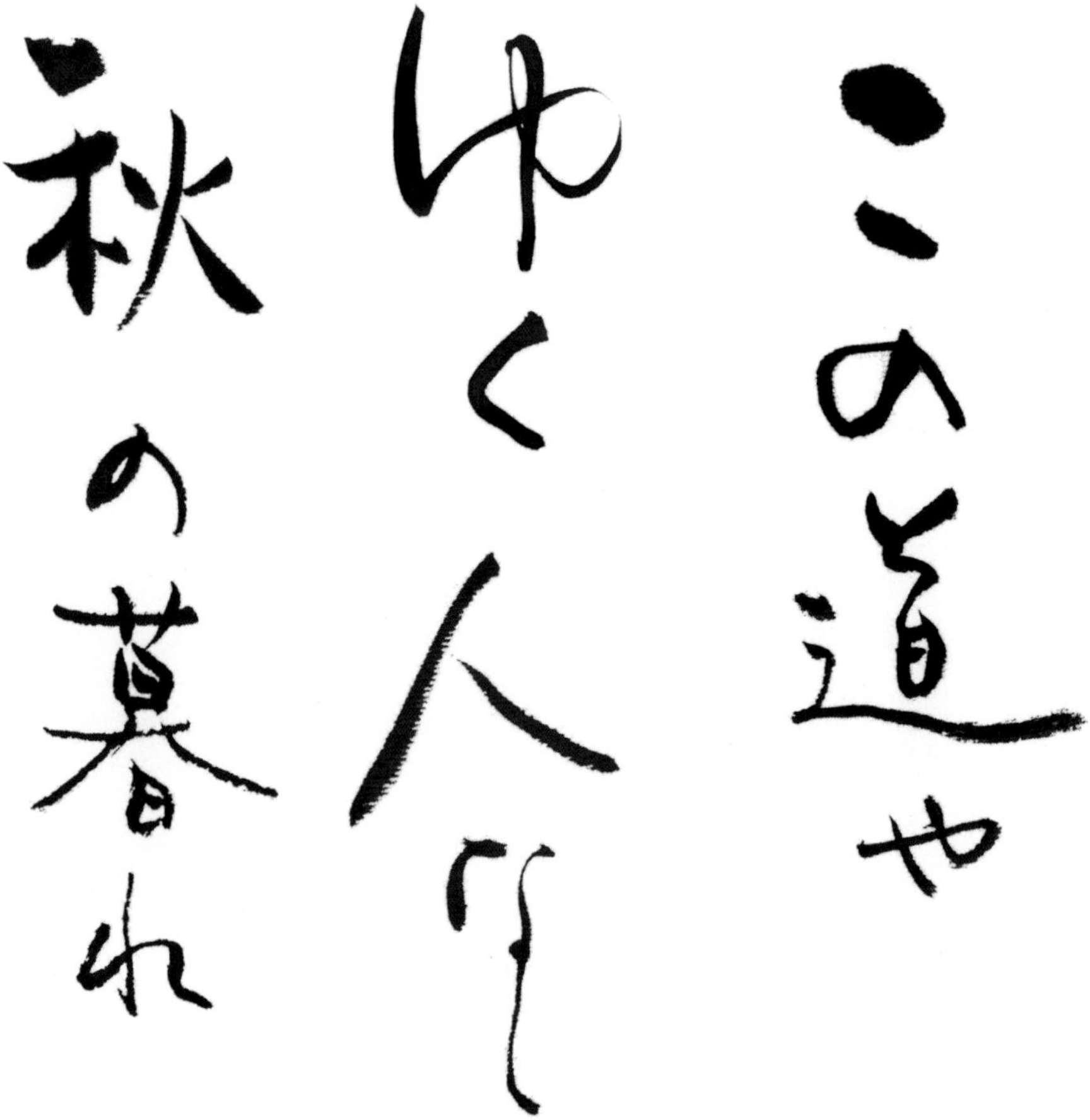

松尾芭蕉《まつおばしょう》　(1644-1694)

この道《みち》や　ゆく人《ひと》なしに　秋《あき》の暮《く》れ

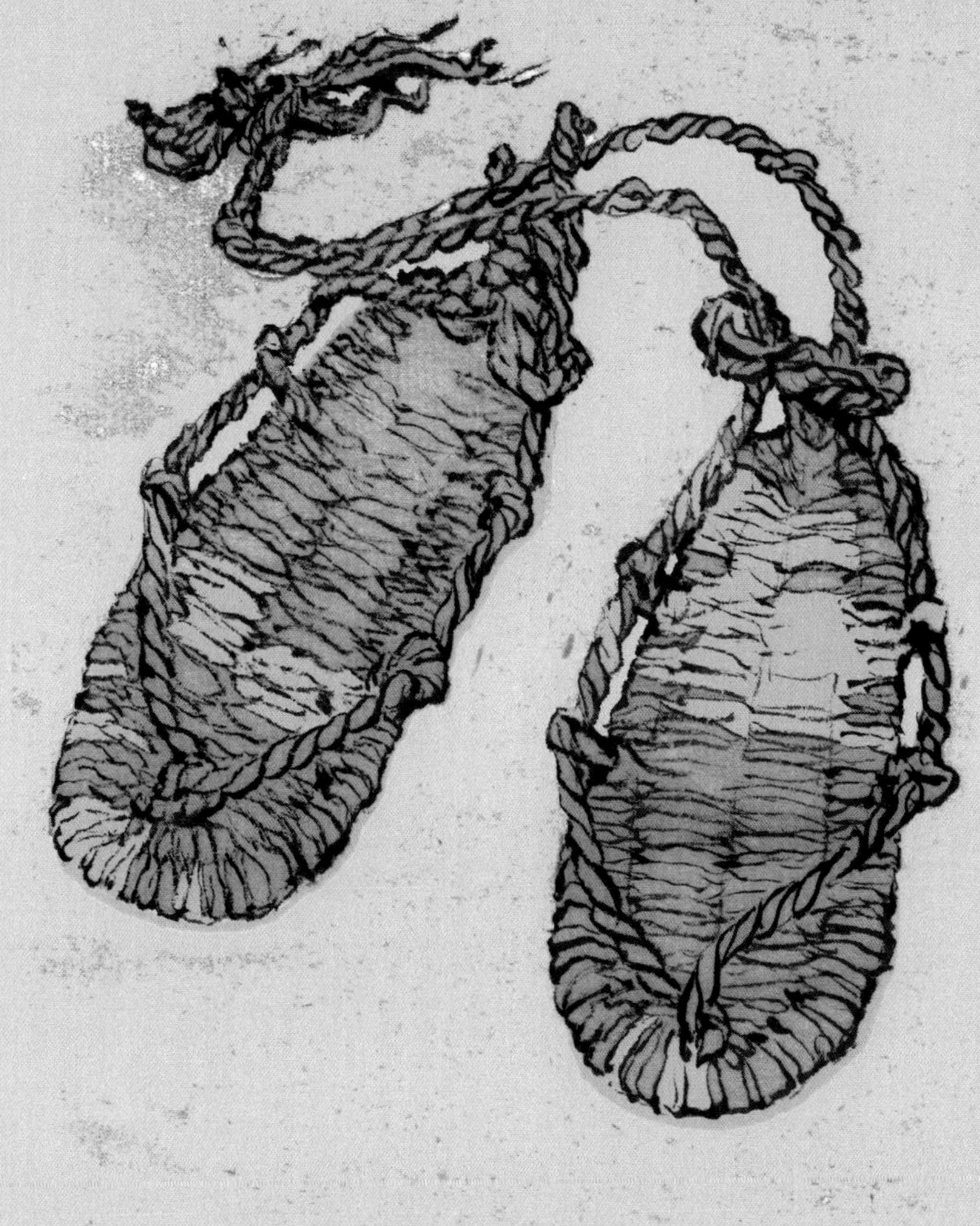

this road

no one goes down it

autumn evening

(Robert Hass translation)

菜の花や
月は東に
日は西に

与謝蕪村《よさぶそん》　(1716-1784)

菜《な》の花《はな》や　月《つき》は東《ひがし》に　日《ひ》は西《にし》に

field of bright mustard
the moon in the east
the sun in the west
(Robert Hass translation)

隅の蜘蛛
案じな
煤は
とらぬぞよ

小林一茶《こばやしいっさ》　(1763-1828)

隅《すみ》の蜘蛛《くも》　案《あん》じな煤《すす》は　とらぬぞよ

don’t worry, spiders

I don’t care

about soot

(Miura/Beckett translation)

俳句《はいく》と私《わたし》

クリス・ベケット

私《わたし》は一九八〇年代《せんきゅうひゃくはちじゅうねんだい》に日本《にほん》に住《す》んでいました。そして、いろいろな日本文化《にほんぶんか》に接《せっ》しましたが、私《わたし》にとって俳句《はいく》との出会《であ》いは実《じつ》に衝撃的《しょうげきてき》でした。私《わたし》はイギリス人《じん》で、詩人《しじん》です。俳句《はいく》は私《わたし》の知《し》っている西洋《せいよう》の詩《し》とは全《まった》く違《ちが》っていました。西洋《せいよう》の詩《し》は、その多《おお》くは暗喩《あんゆ》（メタファー）が根底《こんてい》にあって、その延長《えんちょう》に強烈《きょうれつ》な創作《そうさく》ができていくのです。たとえば、シェークスピアの喜劇《きげき》『お気《き》に召《め》すまま』のジャックのセリフ「全《すべ》ての世界《せかい》は舞台《ぶたい》だ」などです。

ところが、俳句《はいく》にはメタファーはありません。まるで静《しず》かな湖面《こめん》に浮《う》かぶ小舟《こぶね》のように、白《しろ》い広《ひろ》いページの中《なか》に三行《さんぎょう》の短《みじか》い詩《し》があるだけです。俳句《はいく》は驚《おどろ》きや喜《よろこ》び、寂《さび》しさの瞬間《しゅんかん》をとらえています。自然《しぜん》の中《なか》で、その瞬間《しゅんかん》に、そこで起《お》こっていることを。そして、俳句《はいく》の中《なか》の季節《きせつ》はその季節《きせつ》を感《かん》じる人《ひと》の心《こころ》に入《はい》っていきます。しかし、どんな心《こころ》なのかの詳《くわ》しい説明《せつめい》は何《なに》もありません。俳句《はいく》の中《なか》に描《えが》いた風景《ふうけい》が全《すべ》てを語《かた》ります。

杉田久女《すぎたひさじょ》の俳句《はいく》では、「山《やま》ホトトギス」の歌声《うたごえ》とその山《やま》の自然《しぜん》のイメージが目《め》に浮《う》かび、心《こころ》に豊《ゆた》かに響《ひび》いて広《ひろ》がっていきます。西洋《せいよう》の詩《し》のメタファーのように、力《ちから》づくで二《ふた》つを近《ちか》づけて火花《ひばな》を散《ち》らすのではありません。俳句《はいく》はただ二《ふた》つを並《なら》べているだけなのです。そして、それを観察《かんさつ》する人《ひと》の心《こころ》が動《うご》いていきます。この俳句《はいく》では、ホトトギスや鳥《とり》の鳴《な》き声《ごえ》のような小《ちい》さなものと、山《やま》というより大《おお》きなものが描《えが》かれています。

一方《いっぽう》、蕪村《ぶそん》の俳句《はいく》では、菜《な》の花畑《はなばたけ》、月《つき》、太陽《たいよう》があります。広《ひろ》い菜《な》の花畑《はなばたけ》は、始《はじ》めは大《おお》きいものと感《かん》じられるかもしれません。ところが、その後《あと》に東《ひがし》の空《そら》の月《つき》と西《にし》の空《そら》の太陽《たいよう》が続《つづ》くと、急《きゅう》に菜《な》の花畑《はなばたけ》は小《ちい》さくなっていきます。大《おお》きな空間《くうかん》の中《なか》で明《あか》るく黄色《きいろ》に輝《かがや》く小《ちい》さいものになっていきます。蕪村《ぶそん》は、色《いろ》は説明《せつめい》していません。受《う》け取《と》る人《ひと》の心《こころ》がその色《いろ》を描《えが》いていくのです。

芭蕉《ばしょう》の「秋《あき》の夕暮《ゆうぐ》れの人気《ひとけ》のない道《みち》」、ケルアックの「ショーツをはいた女学生《じょがくせい》」、このような風景《ふうけい》をくっきりとイメージとして深《ふか》く感《かん》じることには大《おお》きな喜《よろこ》びがあります。こんな短《みじか》い詩《し》がこのような空間《くうかん》を創《つく》りだし、大《おお》きなインパクトを与《あた》えるなんて！

俳句《はいく》は地球上《ちきゅうじょう》で最《もっと》も人気《にんき》のある『詩《し》』です。世界中《せかいじゅう》のあちらこちらでいろいろな言語《げんご》で俳句《はいく》を作《つく》ったり読《よ》んだりしている人《ひと》たちがいます。俳句協会《はいくきょうかい》に所属《しょぞく》し、俳句《はいく》フェスティバル、句会《くかい》、パーティーに参加《さんか》しています。わずか三行《さんぎょう》の日本《にほん》の『詩《し》』が今日《こんにち》の世界中《せかいじゅう》の人々《ひとびと》に選《えら》ばれたことは、本当《ほんとう》に素晴《すば》らしいことではないでしょうか。

Beautiful young girls running

up the library steps

With shorts on

ジャック《じゃっく》・ケルアック《けるあっく》

Jack Kerouac (1922-1969)

beautiful young girls running

up the library steps

with shorts on

腸に
春滴るや
粥の味

夏目漱石《なつめそうせき》 (1867-1916)

腸《はらわた》に　春滴《はるしたた》るや　粥《かゆ》の味《あじ》

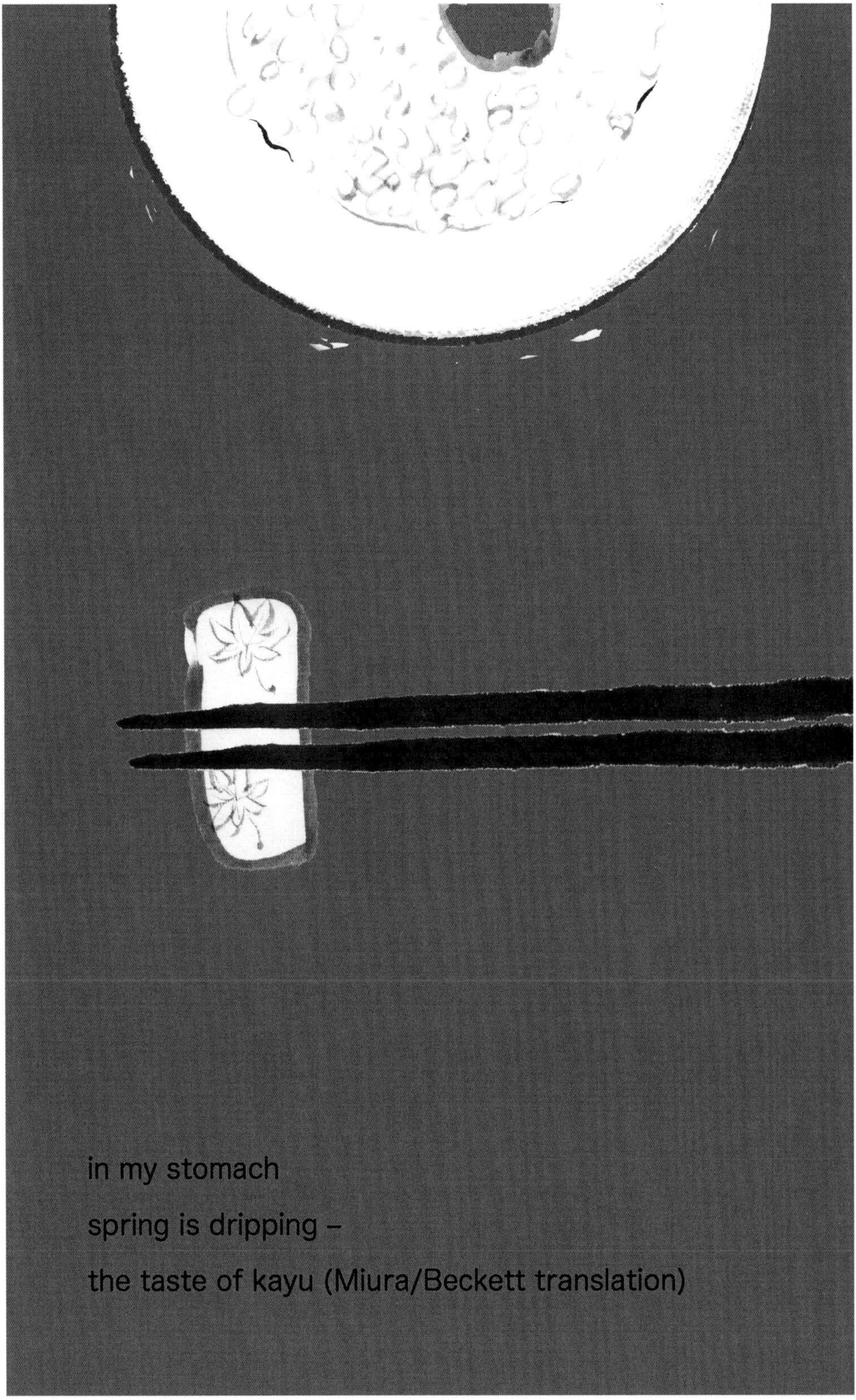

in my stomach
spring is dripping –
the taste of kayu (Miura/Beckett translation)

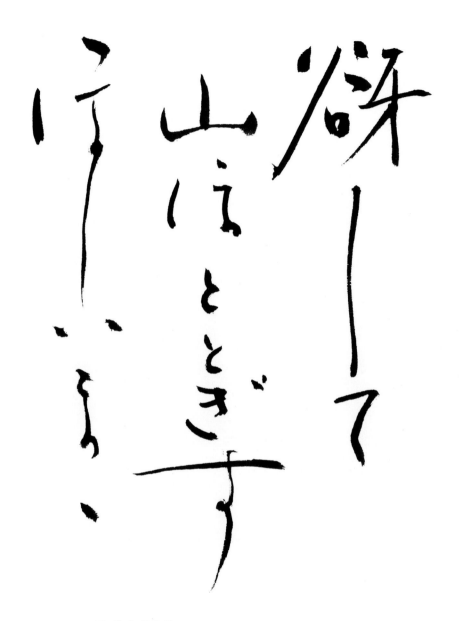

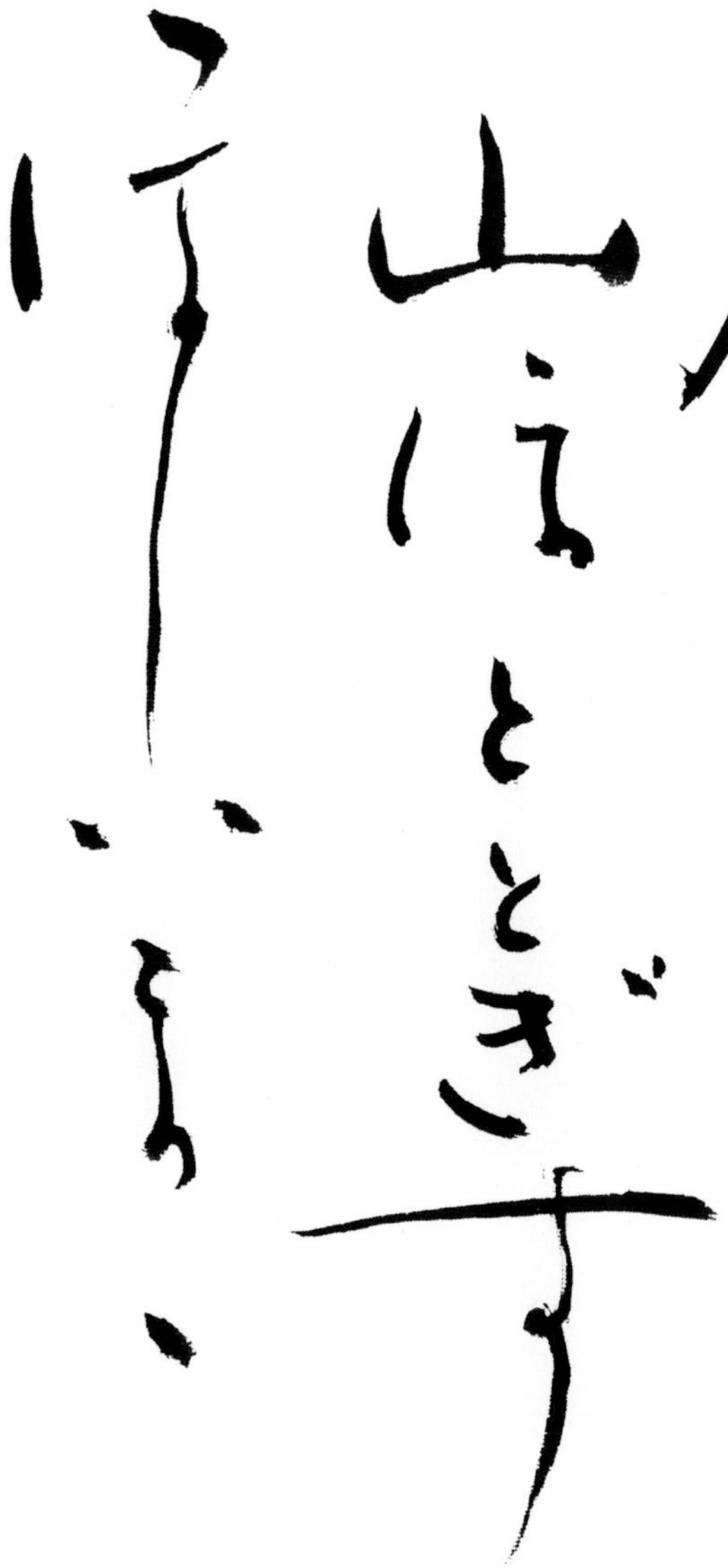

杉田久女《すぎたひさじょ》　(1890-1946)

谺《こだま》して　山《やま》ほととぎす　ほしいまゝ

a cuckoo's song

echoing

through the mountains

(Miura/Beckett translation)

俳句《はいく》の歴史《れきし》

五《ご》・七《しち》・五《ご》・七《しち》・七音《しちおん》の日本《にほん》の詩《し》を「和歌《わか》（短歌《たんか》）」といいます。和歌《わか》の始《はじ》めの部分《ぶぶん》（五七五《ごしちご》）を上《かみ》の句《く》、後《あと》の部分《ぶぶん》（七七《しちしち》）を下《しも》の句《く》といいますが、昔《むかし》の人《ひと》は上《かみ》の句《く》と下《しも》の句《く》を別《べつ》の人《ひと》が詠《よ》んで遊《あそ》びました。これを連歌《れんが》といいます。十三世紀《じゅうさんせいき》には、五七五七七《ごしちごしちしち》の後《あと》にまた五七五《ごしちご》、七七《しちしち》、五七五《ごしちご》と次《つぎ》の句《く》を続《つづ》けて長《なが》い連歌《れんが》を作《つく》るようになりました。そして、連歌《れんが》の中《なか》で、庶民性《しょみんせい》があって滑稽《こっけい》な歌《うた》が「俳諧《はいかい》の連歌《れんが》」といわれました。俳諧《はいかい》を作《つく》る人《ひと》が俳諧師《はいかいし》です。江戸時代《えどじだい》の俳諧師《はいかいし》、松尾芭蕉《まつおばしょう》は、俳諧《はいかい》のはじめの五《ご》・七《しち》・五《ご》（発句《ほっく》）だけを多《おお》く作《つく》りました。芭蕉《ばしょう》に続《つづ》いて、与謝蕪村《よさぶそん》、小林一茶《こばやしいっさ》などによって「俳諧《はいかい》の発句《ほっく》」はだんだん詩《し》として独立《どくりつ》していきました。「俳諧《はいかい》の発句《ほっく》」が「俳句《はいく》」と呼《よ》ばれるようになったのは明治時代《めいじじだい》になってからで、正岡子規《まさおかしき》は俳句《はいく》の雑誌《ざっし》『ホトトギス』を創刊《そうかん》し、俳句《はいく》を文芸《ぶんげい》として位置《いち》づけました。

俳句《はいく》には、五《ご》・七《しち》・五《ご》という文字数《もじすう》とリズムをまもり、季語《きご》を入《い》れるというきまりがあります。俳句《はいく》の内容《ないよう》は自然《しぜん》の美《うつく》しさや人《ひと》の心情《しんじょう》を表現《ひょうげん》しています。しかし、現代《げんだい》では、このきまりにとらわれない自由《じゆう》な俳句《はいく》も多《おお》くあります。また、中国語《ちゅうごくご》、英語《えいご》、フランス語《ご》、スペイン語《ご》、エストニア語《ご》、トルコ語《ご》、アラビア語《ご》など、世界中《せかいじゅう》でいろいろな言葉《ことば》で作《つく》られています。国際的《こくさいてき》なアメリカの詩人《しじん》ジャック・ケルアック(1922- 1969)やメキシコのオクタビオ・パス（1914-1998）も俳句《はいく》を作《つく》っています。

二ヌトンネルの爆発

灯《とも》ったり　消《き》えたり
平和《へいわ》
いのち

原作：佐々木盛弘
挿絵：チバコウタロウ
再話、監修：穴井宰子

プロローグ

福岡県田川郡添田町落合《ふくおかけんたがわぐんそえだまちおちあい》。山《やま》の麓《ふもと》の小《ちい》さな村《むら》。緑《みどり》の草木《くさき》に包《つつ》まれた谷間《たにま》をツートンカラーの列車《れっしゃ》が走《はし》っています。後《うし》ろには英彦山《ひこさん》がそびえ、川《かわ》のせせらぎものどかです。その谷間《たにま》には、円山《まるやま》という山《やま》がありました。しかし、昭和二十年十一月十二日《しょうわにじゅうねんじゅういちがつじゅうににち》、円山《まるやま》は一瞬《いっしゅん》にして消《き》えてしまいました。私《わたし》は小学校五年生《しょうがっこうごねんせい》、十一歳《じゅういっさい》でした。

昭和二十年《しょうわにじゅうねん》、鉄道《てつどう》は英彦山《ひこさん》の麓《ふもと》にある彦山駅《ひこさんえき》が終点《しゅうてん》で、その先《さき》には開通《かいつう》していないトンネルがありました。二又《ふたまた》トンネルです。戦争《せんそう》が終《お》わる頃《ころ》、日本陸軍《にほんりくぐん》は大量《たいりょう》の火薬《かやく》・信管《しんかん》・雷管《らいかん》などをこのトンネルに集《あつ》めていました。鉄道列車《てつどうれっしゃ》で彦山駅《ひこさんえき》まで運《はこ》び、駅《えき》から四百《よんひゃく》メートル先《さき》のトンネルまでは地元《じもと》の住民《じゅうみん》や中学生《ちゅうがくせい》が運《はこ》びました。陸軍《りくぐん》の兵士《へいし》が厳重《げんじゅう》に監視《かんし》し、立《た》ち入《い》り禁止《きんし》となっていました。

戦争《せんそう》が終《お》わると、日本兵士達《にほんへいしたち》はいなくなり、代《か》わりにカービン銃《じゅう》・機関銃《きかんじゅう》を持《も》った米海兵隊《べいかいへいたい》が監視《かんし》にやってきました。子《こ》ども達《たち》は恐怖《きょうふ》と好奇心《こうきしん》の混《ま》じった気持《きも》ちで、こわごわアメリカ兵《へい》に近《ちか》づいて行《い》きました。子《こ》ども達《たち》とアメリカ兵《へい》の奇妙《きみょう》な交流《こうりゅう》が始《はじ》まりました。アメリカ人《じん》も人間《にんげん》だったんだと思《おも》い始《はじ》めました。そして、そのアメリカ兵《へい》もいなくなり、戦争《せんそう》の恐怖《きょうふ》は少《すこ》しずつ薄《うす》れ始《はじ》めていました。傷《きず》つき、殺《ころ》されることから逃《のが》れることができたと、安堵《あんど》していた時《とき》でした。

火事《かじ》？

「あっ、アメリカのジープ！」

休《やす》み時間《じかん》に運動場《うんどうじょう》で遊《あそ》んでいると、ラジオのボリュームをいっぱいにあげた音楽《おんがく》が聞《き》こえてきました。アメリカ兵《へい》のジープが土煙《つちけむり》をあげて、トンネルの方向《ほうこう》へ向《む》かっています。私《わたし》の家《いえ》はトンネルのすぐそばにありました。とっさに私《わたし》は家《いえ》に一人《ひとり》でいる姉《あね》を思《おも》いました。

その日《ひ》の午後《ごご》、学校《がっこう》が終《お》わって、友達《ともだち》と家《いえ》へ帰《かえ》る時《とき》です。私達《わたしたち》の家《いえ》の方角《ほうがく》の空《そら》に真《ま》っ黒《くろ》い煙《けむり》が立《た》ち上《のぼ》っています。

「火事《かじ》？火事《かじ》？」

「英彦山《ひこさん》の山《やま》が爆発《ばくはつ》？」

「爆弾《ばくだん》が落《お》ちた？」

私達《わたしたち》は帰《かえ》り道《みち》を急《いそ》ぎました。視界《しかい》が開《ひら》けた所《ところ》まで来《く》ると、私《わたし》は、

「トンネルが燃《も》えている！」

と叫《さけ》んでしまいました。顔《かお》が熱《あつ》くなりました。首《くび》から下《した》は氷《こおり》のように冷《つめ》たくなり、体《からだ》がガクガクと震《ふる》えてきます。黒《くろ》い煙《けむり》は、もくもくと上昇《じょうしょう》し、「きのこ雲《ぐも》」となって雲《くも》を突《つ》き抜《ぬ》け沸《わ》き上《あ》がり、盛《も》り上《あ》がっていきます。

姉《ねえ》ちゃん
ドン、シューッ、ゴゴ、ゴー、ドーン。

内蔵《ないぞう》をえぐられるような爆発音《ばくはつおん》。不気味《ぶきみ》な地響《じひび》き。川遊《かわあそ》び中《ちゅう》に受《う》けた米軍機《べいぐんき》の機銃掃射《きじゅうそうしゃ》、空襲《くうしゅう》の怖《こわ》さが戻《もど》ってきました。トンネル口《ぐち》には三台《さんだい》の米軍《べいぐん》ジープが停《と》まっていました。ジープをこわごわ横目《よこめ》に見《み》ながら、家《いえ》に入《はい》りました。

「ただいま。」

「お帰《かえ》りなさい。」二十歳《はたち》の姉《あね》が迎《むか》えてくれました。こんな時《とき》、家《いえ》の中《なか》にいて、姉《あね》は平然《へいぜん》としているのです。

「姉《ねえ》ちゃん、トンネルの煙《けむり》、見《み》た?」

「さっき見《み》たよ。でも音《おと》が激《はげ》しいね。」

「煙《けむり》、ものすごいんよ。見《み》て!」

姉《あね》の手《て》を引《ひ》っぱって外《そと》へ出《で》ました。

黒煙《こくえん》の勢《いきお》いを見《み》て、姉《あね》の顔《かお》が青《あお》ざめていきました。

「『新聞紙《しんぶんし》を燃《も》やすようなもんや』って、警察《けいさつ》の部長《ぶちょう》さんが言《い》ったんよ。お父《とう》さんは、進駐軍《しんちゅうぐん》の人達《ひとたち》とトンネルに行《い》ってるよ。危《あぶ》ないから子《こ》どもは行《い》ったらだめよ。」

そう言《い》いながら、姉《あね》は防火用水《ぼうかようすい》の点検《てんけん》をしました。家《いえ》の周《まわ》りには、火薬《かやく》や草木《くさき》の灰《はい》が降《ふ》ってきます。

いつ火事《かじ》になるかもしれません。家《いえ》に入《はい》ると、姉《あね》は「大事《だいじ》な書類《しょるい》だけ。」と言《い》いながら、カバンを出《だ》して整理《せいり》しています。

その時《とき》、米軍《べいぐん》ジープのエンジンが唸《うな》りました。外《そと》に駆《か》け出《だ》してみると、もう砂埃《すなぼこり》が残《のこ》っているだけでした。火薬《かやく》に点火《てんか》して、アメリカ兵《へい》は帰《かえ》って行《い》ったのです。

花火《はなび》

「お父《とう》さんの所《ところ》に行《い》ってくる。」

「危《あぶ》ないよ。だめ。」

姉《あね》を無視《むし》して、私《わたし》は燃《も》えるトンネルに向《む》かいました。鉄橋《てっきょう》を渡《わた》りトンネルの近《ちか》くに来《く》ると、火薬《かやく》の臭《にお》いが鼻《はな》を突《つ》いてきました。三十数人《さんじゅうすうにん》の人《ひと》がいます。私《わたし》の友達《ともだち》も集《あつ》まっています。何《なに》かがあると、この仲間《なかま》はすぐに一緒《いっしょ》になって行動《こうどう》しました。来《き》てよかったと思《おも》いました。危険《きけん》な所《ところ》に行《い》ったことを仲間《なかま》と対等《たいとう》に話《はな》せるからです。

赤《あか》、黄《き》、青《あお》、紫《むらさき》の火炎《かえん》が花火《はなび》のように燃《も》え、黒煙《こくえん》が湧《わ》き上《あ》がっているトンネル。地鳴《じな》り、爆発音《ばくはつおん》、めらめらと燃《も》え上《あ》がる炎《ほのお》。白煙《はくえん》、黒煙《こくえん》。玉虫色《たまむしいろ》の炎《ほのお》を出《だ》し黒煙《こくえん》を上《あ》げる綿火薬《めんかやく》の臭《にお》いは、鼻《はな》を突《つ》き、涙《なみだ》がじんじんとにじみ出《で》てきます。飛《と》んでくる雷管《らいかん》、信管《しんかん》や綿火薬《めんかやく》を避《さ》けながら、私達《わたしたち》は怖《こわ》さを忘《わす》れて、この花火大会《はなびたいかい》を満喫《まんきつ》していました。

「子《こ》どもは危《あぶ》ない。家《いえ》に帰《かえ》りなさい。」

「これは激《はげ》しくなるばっかりじゃないか。」

「平尾《ひらお》さんの家《いえ》に火《ひ》が移《うつ》った。」

半鐘《はんしょう》が鳴《な》り、そこにいた半数以上《はんすういじょう》の大人《おとな》が、二百《にひゃく》メートル離《はな》れた川《かわ》の向《む》こうの家《いえ》の消火《しょうか》のために走《はし》って行《い》きました。

トンネル口《ぐち》は不気味《ぶきみ》さを増《ま》していき、誰《だれ》もが危険《きけん》を感《かん》じ始《はじ》めていました。

「退避《たいひ》したほうがいい。」

大人《おとな》たちが言《い》い始《はじ》めました。戦争中《せんそうちゅう》によく聞《き》いた『退避《たいひ》』という言葉《ことば》を聞《き》くと、心臓《しんぞう》が早鐘《はやがね》のように鳴《な》りだしました。

その時《とき》、トンネル口《ぐち》に一番近《いちばんちか》い所《ところ》にいる父《ちち》を見《み》つけました。めらめらと燃《も》え狂《くる》っている火炎《かえん》と、そこにいる父《ちち》。

ゴーッと前《まえ》にもまして腹《はら》をえぐるような音《おと》と一緒《いっしょ》に、地響《じひび》きが続《つづ》きます。私《わたし》は線路《せんろ》に沿《そ》って走《はし》りだしました。白煙《はくえん》が足元《あしもと》まで迫《せま》ってきました。地面《じめん》が激《はげ》しく揺《ゆ》れ、宙《ちゅう》に浮《う》いた心地《ここち》で走《はし》りました。

揺《ゆ》れがおさまっても、後《うし》ろから火炎《かえん》の熱《あつ》さが迫《せま》ってきます。迫《せま》ってくる火炎《かえん》の熱《あつ》さに押《お》されるようにして走《はし》り続《つづ》けました。

五分後《ごふんご》、トンネル口《ぐち》にいたほとんどの人《ひと》は鉄橋《てっきょう》を渡《わた》り終《お》えていました。ここまで来《く》れば安全《あんぜん》だろうと、ほっとしました。とたんに色々《いろいろ》な思《おも》いが巡《めぐ》ってきました。

友達《ともだち》は家《いえ》に帰《かえ》っただろうか。

野北《のぎた》さんに借《か》りた本《ほん》を返《かえ》さなくては。

姉《ねえ》ちゃんが風呂《ふろ》を沸《わ》かしてくれているだろうか。風呂《ふろ》を沸《わ》かすのは私《わたし》の仕事《しごと》なんだけど。

犬《いぬ》たちはどうしているだろう。

火炎《かえん》の中《なか》

最後《さいご》に父《ちち》が私《わたし》の方《ほう》へ走《はし》ってきました。私《わたし》を見《み》るなり父《ちち》は厳《きび》しい声《こえ》で、

「早《はや》く家《いえ》に帰《かえ》りなさい。」と言《い》いました。

トンネルのそばの家《いえ》の方《ほう》を見《み》たその時《とき》、天地《てんち》が鳴動《めいどう》してトンネルの穴《あな》の太《ふと》さの火炎《かえん》が吹《ふ》き出《だ》し、龍《りゅう》の舌《した》のように襲《おそ》ってきました。周《まわ》りの空気《くうき》は凄《すさ》まじい熱風《ねっぷう》となり、全身火《ぜんしんひ》だるまになりそうです。焼《や》け死《し》ぬかもしれない……。と、その時《とき》、父《ちち》が肩《かた》を抱《だ》き線路沿《せんろぞ》いの土手《どて》にねじ伏《ふ》せるように私《わたし》を倒《たお》し、自分《じぶん》の体《からだ》で覆《おお》ってくれました。

父《ちち》の胸《むね》の中《なか》で、ふーふーと息《いき》を吐《は》きます。ふーふーと呼吸《こきゅう》しています。呼吸《こきゅう》するということは生《い》きていることなんだと初《はじ》めて感《かん》じました。どのくらいそうしていたでしょう。少《すこ》し火《ひ》の勢《いきお》いが衰《おとろ》えると、父《ちち》は頭《あたま》をなでて、タオルで頬被《ほおかぶ》りをしてくれました。父《ちち》の汗《あせ》、焦《こ》げ臭《くさ》い火薬《かやく》、土砂埃《どしゃぼこり》の匂《にお》いがしみ込《こ》んでいるタオル。このタオルが、今《いま》、父《ちち》と私《わたし》をつないでいます。

こんなに優《やさ》しい母《はは》のような父《ちち》を見《み》たことがありません。

「上《うえ》を見《み》ないで。」

「はい。」

声《こえ》を出《だ》すのがやっとでした。

「もうすぐ、おさまる。」

そう言《い》いながら、父《ちち》は上着《うわぎ》を脱《ぬ》いで私《わたし》にかけてくれました。

その間《あいだ》にも、線路《せんろ》の土手《どて》に伏《ふ》せている二人《ふたり》のまわりには、石礫《せきれき》、綿火薬《めんかやく》、雷管《らいかん》、信管《しんかん》が次々《つぎつぎ》に落《お》ちてきました。

「じっとしていなさい。心配《しんぱい》ない。」

「はい。」

何《なに》よりも嬉《うれ》しい父《ちち》の言葉《ことば》でした。


生《い》きるか死《し》ぬかという火炎《かえん》の中《なか》で、日頃《ひごろ》めったに対話《たいわ》のなかった父《ちち》の優《やさ》しい行為《こうい》に、私《わたし》はただしがみつくことで感謝《かんしゃ》の気持《きも》ちを伝《つた》えました。爆発音《ばくはつおん》と熱風《ねっぷう》にさらされながらも、父《ちち》と一緒《いっしょ》にいて、照《て》れくささ、安《やす》らぎ、愛《あい》、平和《へいわ》を感《かん》じました。

兄《あに》と姉《あね》を呼《よ》んできて、みんな一緒《いっしょ》にこのままでいられたらと思《おも》いました。しかし、私《わたし》と父《ちち》の安堵《あんど》する平和《へいわ》と安《やす》らぎは、一瞬《いっしゅん》にして消《け》されてしまいました。

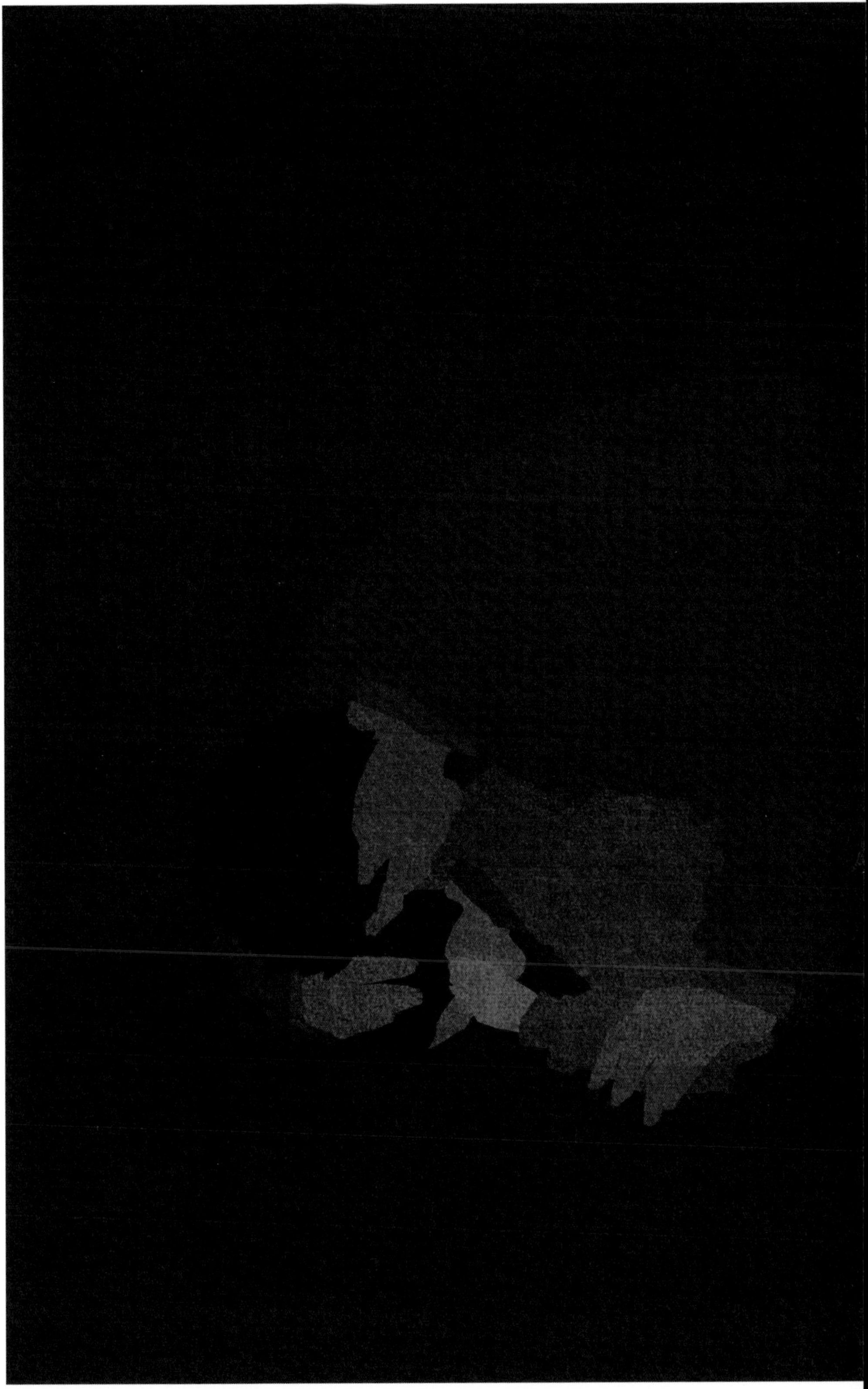

赤《あか》と茶《ちゃ》と黒《くろ》

次《つぎ》の瞬間《しゅんかん》、今《いま》までになく大《おお》きく地面《じめん》が揺《ゆ》れました。巨大《きょだい》な『きのこ雲《ぐも》』の黒煙《こくえん》が中天《ちゅうてん》に沸《わ》き上《あ》がり、その周囲《しゅうい》に大木《たいぼく》や岩石《がんせき》が舞《ま》い浮《う》かび、雷電《らいでん》が走《はし》っています。

私《わたし》は顔《かお》をあげて上《うえ》を見《み》ました。もう声《こえ》も出《で》ません。

こんなことがこの世《よ》にあるはずがない。今頭《いまあたま》の上《うえ》で起《お》こっているのは何《なに》？これが今《いま》から襲《おそ》いかかって来《く》るのか。防《ふせ》ぐことも逃《に》げることもできない。地面《じめん》は揺《ゆ》れ続《つづ》け、さーっと、冷《つめ》たい風《かぜ》が吹《ふ》いたような気《き》がしたその時《とき》、顔面《がんめん》が歪《ゆが》むほどの重《おも》い風圧《ふうあつ》に襲《おそ》われました。何《なに》かがゴツゴツと体《からだ》に当《あ》たっています。黒煙《こくえん》、火炎《かえん》と熱風《ねっぷう》の中《なか》にほうり込《こ》まれて、金縛《かなしば》りにあったように体《からだ》が動《うご》きません。父《ちち》が体《からだ》を抱《だ》きかばってくれていることだけを感《かん》じていました。

風《かぜ》を呼《よ》び、雲《くも》を呼《よ》び、火炎《かえん》を吐《は》きながらのた打《う》ち回《まわ》る龍《りゅう》のとぐろの中《なか》で、
人《ひと》は小《ちい》さな虫《むし》けらのように蠢《うごめ》いている…………。

どれ程《ほど》の時《とき》が経《た》ったでしょうか。目《め》を開《あ》けると世《よ》の中《なか》は真《ま》っ茶色《ちゃいろ》です。一《いち》メートル先《さき》が見《み》えません。爆発音《ばくはつおん》に混《ま》じって岩石《がんせき》、土砂《どしゃ》の落《お》ちる音《おと》が、ザー、ザー、バラ、バラ、ドーンと続《つづ》いています。遠《とお》く近《ちか》く周《まわ》りから人《ひと》の助《たす》けを求《もと》める声《こえ》、うめき声《ごえ》が聞《き》こます。辺《あた》りは砂漠《さばく》となり、真《ま》っ茶色《ちゃいろ》の埃《ほこり》を

とおして、かすかに人影《ひとかげ》が動《うご》いています。鉄道《てつどう》のレールは飴《あめ》のように曲《ま》がり、枕木《まくらぎ》は宙《ちゅう》づりになり、助《たす》けを求《もと》める声《こえ》、うめき声《ごえ》、呼《よ》び合《あ》う声《こえ》、泣《な》き叫《さけ》ぶ声《こえ》が砂埃《すなぼこり》と混《ま》じりあうように広《ひろ》がっていきます。

真《ま》っ赤《か》な血《ち》の噴《ふ》き出《だ》している頭《あたま》を両手《りょうて》で押《お》さえているおじいさん。両目《りょうめ》から流《なが》れる血《ち》を手《て》で覆《おお》い、子《こ》どもの名前《なまえ》を呼《よ》んでいるおばさん。腹部《ふくぶ》が炸裂《さくれつ》し、流《なが》れ出《で》ている内臓《ないぞう》を手《て》でかかえ、放心《ほうしん》状態《じょうたい》のまま座《すわ》り込《こ》んでいるおじさん。うつぶせになったまま血《ち》に染《そ》まり動《うご》かない女《おんな》の人《ひと》。頭《あたま》から血《ち》を流《なが》し、泣《な》きながら親《おや》を捜《さが》している子《こ》ども。血《ち》を噴《ふ》き出《だ》しながらも骨折《こっせつ》しているために動《うご》けない少年《しょうねん》。土砂《どしゃ》に埋《う》まってしまい見《み》えない家《いえ》。瓦礫《がれき》と化《か》した家《いえ》。倒壊寸前《とうかいすんぜん》の家《いえ》。火薬《かやく》の匂《にお》い、血《ち》の匂《にお》い、土砂《どしゃ》と岩石《がんせき》の匂《にお》い、崩壊《ほうかい》した家《いえ》の埃《ほこり》の匂《にお》い。

………………

体《からだ》を挺《てい》して私《わたし》を覆《おお》っていてくれた父《ちち》はどこに……。私《わたし》を呼《よ》んでくれるはずの父《ちち》の声《こえ》はなく、私《わたし》を抱《だ》いてくれていた父《ちち》の手《て》が、腕《うで》が胸《むね》が体《からだ》が見《み》えません。

私《わたし》は今《いま》までここにいた父《ちち》を呼《よ》ぼうとしました。しかし何回試《なんかいため》しても声《こえ》が出《で》ません。土砂《どしゃ》を払《はら》い除《の》けることもせず動《うご》いてみました。痛《いた》さは感《かん》じませんが、思《おも》うように動《うご》けません。小《ちい》さな自分《じぶん》が茶《ちゃ》と赤《あか》と黒《くろ》の三色《さんしょく》だけの世界《せかい》に投《な》げ込《こ》まれているのです。

温《あたた》かい緑《みどり》の平和《へいわ》な村《むら》はもうどこにもありませんでした。

病室《びょうしつ》で

我慢《がまん》しようのない痛《いた》さが襲《おそ》ってきたのは、その夜《よる》でした。私《わたし》は仮病室《かりびょうしつ》で応急手当《おうきゅうてあて》を受《う》けていました。一室《いっしつ》に、七《しち》、八名《はちめい》が寝《ね》ていて、うめき声《こえ》で充満《じゅうまん》しています。

家《いえ》や家族《かぞく》はどうなっているのでしょうか。誰《だれ》もなぜか、教《おし》えてくれませんでした。痛《いた》さ、寒《さむ》さ、恐怖《きょうふ》、不安《ふあん》、孤独《こどく》の中《なか》で、色々《いろいろ》な思《おも》いが波《なみ》のように押《お》しよせてきます。

数時間前《すうじかんまえ》にかえって家族《かぞく》の中《なか》であまえたい。

姉《あね》の声《こえ》が聞《き》こえる。気取《きど》って歌《うた》う流行歌《りゅうこうか》。百人一首《ひゃくにんいっしゅ》や私《わたし》を喜《よろこ》ばせるカルタ。炊事《すいじ》をしながら口《ぐち》ずさむ歌《うた》。

愛犬《あいけん》の片目《かため》の「ムツ」、猟《りょう》の得意《とくい》な「ジョン」、「ピス」と「エス」。犬達《いぬたち》と跳《と》び回《まわ》っていつものように遊《あそ》びたい。

いつものバリカンで、父《ちち》に髪《かみ》の毛《け》を刈《か》ってもらいたい。厳《きび》しかったが、仕事《しごと》の合間《あいま》に「いい子《こ》、いい子《こ》」と言《い》ってくれた父《ちち》。早《はや》くここに来《き》て包帯《ほうたい》の上《うえ》からでいい、頭《あたま》をなでながら、あの言葉《ことば》を何回《なんかい》も言《い》ってほしい。もうすぐ、兄《あに》や姉《あね》もここに来《き》て、励《はげ》ましの声《こえ》をかけてくれる。こう思《おも》っているだけで私《わたし》は幸《しあわ》せいっぱいになりました。いつもの楽《たの》しい家族《かぞく》が私《わたし》を包《つつ》んでいます。が、また、激痛《げきつう》が体《からだ》のあちこちを走《はし》り始《はじ》めます。

顔面《がんめん》の高熱《こうねつ》はどうしようもなく、手足《てあし》の傷《きず》に寒《さむ》さが突《つ》きさします。顔面《がんめん》の腫《は》れで両目《りょうめ》が開《あ》かず、耐《た》えられない不安《ふあん》を感《かん》じていました。

仮病室《かりびょうしつ》の外《そと》では、冷《つめ》たい雨《あめ》が降《ふ》り始《はじ》めました。

生《い》きている

あの時私《ときわたし》の体《からだ》を包《つつ》んでくれた父《ちち》は全身裂傷《ぜんしんれっしょう》で即死《そくし》。家《いえ》を守《まも》ろうと懸命《けんめい》だった姉《あね》は、降《ふ》りかかってきた土砂《どしゃ》に埋《う》もれて窒息死《ちっそくし》。あのトンネルのあった円山《まるやま》は爆発《ばくはつ》によって真《ま》っ二《ぷた》つになり、二《ふた》つの川《かわ》が土砂《どしゃ》で塞《せ》き止《と》められ、ダムになっていました。これらのことを聞《き》かされたのは、十日《とおか》ほどしてからのことでした。我《わ》が家《や》も爆風《ばくふう》で倒壊《とうかい》してしまっていることがわかりました。

既《すで》にあの世《よ》にいる母《はは》は、父《ちち》と姉《あね》に再会《さいかい》してどんな話《はなし》をしたでしょう。「私《わたし》を連《つ》れて行《い》かなかったのでがっかりしたかもしれない。」薬《くすり》と血《ち》の匂《にお》いの中《なか》で、こんなことを考《かんが》えるようになっていました。

一九四八年《せんきゅうひゃくよんじゅうはちねん》建設《けんせつ》
慰霊塔

同級生《どうきゅうせい》の爆死《ばくし》を含《ふく》めて小学生二十九名《しょうがくせいにじゅうきゅうめい》の命《いのち》が、あの時《とき》絶《た》えてしまったことを聞《き》いたのはずっと後《あと》のことです。

正月《しょうがつ》が過《す》ぎて、三学期《さんがっき》から学校《がっこう》へ行《い》きました。校門《こうもん》の石段《いしだん》の上《のぼ》り下《お》りに、膝《ひざ》の傷《きず》が痛《いた》みました。どれくらい経《た》ってからでしょう。爆心地近《ばくしんちちか》くの広場《ひろば》で慰霊祭《いれいさい》がありました。悲《かな》しみいっぱいの先生《せんせい》と子《こ》ども達《たち》。松葉杖《まつばづえ》で足《あし》をかばいながら、友達《ともだち》と参列《さんれつ》し、『慰霊《いれい》の歌《うた》』を歌《うた》いました。

『今日《きょう》は何《なん》の日《ひ》　慰霊祭《いれいさい》
吹《ふ》く秋風《あきかぜ》にさそわれて
はかなく　逝《い》った我《わ》が友《とも》の
御霊《みたま》をまつる　霊《たま》まつり』

この歌《うた》をここで歌《うた》っている自分《じぶん》が私《わたし》には不思議《ふしぎ》でなりませんでした。

エピローグ

爆心地《ばくしんち》の二百《にひゃく》メートル地点《ちてん》にいて、百四十八人目《ひゃくよんじゅうはちにんめ》の死者《ししゃ》にならなかった私《わたし》は、今《いま》も、体《からだ》の傷《きず》、心《こころ》の傷《きず》と共《とも》に生《い》きています。

私《わたし》は「平和《へいわ》」、「幸《しあわ》せ」は瞬時《しゅんじ》に消《き》えるものだと思《おも》っています。が、いつでもどこでも自分《じぶん》で種《たね》をまけば作《つく》れるものだとも思《おも》っています。地獄《じごく》の中《なか》でも「平和《へいわ》」があり、「幸《しあわ》せだ」と思《おも》うこともできます。それは自分《じぶん》が生《い》きていて作《つく》るものだからです。生《い》きていること、そのことが素晴《すば》らしいことなのです。どんなことがあっても、死《し》んではいけないのです。

今《いま》、「戦争反対《せんそうはんたい》」、「原水爆反対《げんすいばくはんたい》」、「暴力反対《ぼうりょくはんたい》」、「差別反対《さべつはんたい》」、「人権尊重《じんけんそんちょう》」、「命《いのち》を大切《たいせつ》に」、「いじめはしない」、「平和《へいわ》な世《よ》の中《なか》」等《など》のスローガンや言葉《ことば》に出会《であ》います。一人一人《ひとりひとり》が自分《じぶん》のこととして言動《げんどう》に移《うつ》してほしいと思《おも》います。

また、戦争《せんそう》や不幸《ふこう》を懸命《けんめい》に作《つく》っている人《ひと》がいます。こんな人《ひと》はつまらない人間《にんげん》だと思《おも》います。原子爆弾《げんしばくだん》を落《お》とすかもしれない人《ひと》だからです。私《わたし》はこのトンネル爆発事件《ばくはつじけん》は、日本《にほん》に投下《とうか》された三発目《さんぱつめ》の"原爆《げんばく》"だと思《おも》い続《つづ》けています。半世紀《はんせいき》たった今《いま》もトンネル爆発《ばくはつ》の地獄絵《じごくえ》は私《わたし》の心《こころ》の奥深《おくふか》くに刻《きざ》まれています。

Hibiki-nada Sea
響灘
Sanyoonoda
山陽小野田
Ube
宇部
Kitakyushu
北九州
Suo-
Nogata
直方
Fukuoka
福岡
Buzen
豊前
Bungota
Nakatsu
中津
Dazaifu
太宰府
FUKUOKA
Mount Hiko
英彦山
Usa
宇佐
Kurume
久留米
Hita
日田
Saga
佐賀
Kokonoe
九重町
Yame
八女
3
Minamioguni
南小国町
Yufu
由布
Omuta
大牟田
Yamaga
山鹿
Taketa
竹田
Ariake Sea
有明海
Tamana
玉名
57
Mount Aso
阿蘇山
Kumamoto
熊本
Mount Sobo
祖母山
Shimabara
島原
Mashiki
益城町
Takachiho
高千穂町
Uto
宇土
57
Minamishimabara
南島原
Uki
宇城
KUMAMOTO
Shiiba
椎葉村
Ueshima
Yatsushiro
Misato

爆発《ばくはつ》二日後《ふつかご》の円山《まるやま》と壊《こわ》れた筆者《ひっしゃ》の家《いえ》

仲良《なかよ》しの友達《ともだち》と私《わたし》は、人間《にんげん》が起《お》こした戦争《せんそう》によって、肉親《にくしん》や友達《ともだち》を亡《な》くしました。この残酷《ざんこく》さは人間《にんげん》だけが作《つく》る最大《さいだい》の悪《あく》です。『慰霊《いれい》の歌《うた》』を胸《むね》をえぐられるような思《おも》いで歌《うた》わなければならない子《こ》ども達《たち》がいることは、この上《うえ》ない不幸《ふこう》な世《よ》の中《なか》です。この歌《うた》は二度《にど》と歌《うた》いたくありません。子《こ》ども達《たち》に、決《けっ》して歌《うた》わせてはならない歌《うた》です。

今《いま》は、爆発《ばくはつ》で二《ふた》つになった山《やま》は、緑《みどり》の草木《くさき》に包《つつ》まれ、その谷間《たにま》をツートンカラーの列車《れっしゃ》が走《はし》っています。

平和《へいわ》なのでしょうか。

一九九五年十一月十二日《せんきゅうひゃくきゅうじゅうごねんじゅういちがつじゅうににち》　佐々木盛弘《ささきもりひろ》

日本陸軍《にほんりくぐん》が隠《かく》していた火薬《かやく》を処理《しょり》しようと点火《てんか》して起《お》こった二又《ふたまた》トンネルの爆発《ばくはつ》は、山《やま》を二《ふた》つに裂《さ》き、死者百四十七人《ししゃひゃくよんじゅうしちにん》、負傷者百四十九人《ふしょうしゃひゃくよんじゅうきゅうにん》、家屋《かおく》全半壊百三十戸《ぜんはんかいひゃくさんじゅっこ》という大惨事《だいさんじ》となりました。戦後《せんご》の日本《にほん》に起《お》こった最大《さいだい》の爆発事故《ばくはつじこ》です。この作品《さくひん》はその記憶《きおく》を綴《つづ》った佐々木盛弘《ささきもりひろ》さん（文《ぶん》と絵《え》）の絵本《えほん》『三発目《さんぱつめ》の原爆《げんばく》』（二〇一〇年《にせんじゅうねん》福岡人権研究所発行《ふくおかじんけんけんきゅうしょはっこう》）に基《もと》づいて再構成《さいこうせい》されています。佐々木盛弘《ささきもりひろ》さんは一九三四年《せんきゅうひゃくさんじゅうよねん》福岡県田川郡添田町《ふくおかけんたがわぐんそえだまち》生《う》まれ。小学校教諭《しょうがっこうきょうゆ》、校長《こうちょう》、添田町教育長《そえだまちきょういくちょう》を勤《つと》め、今《いま》も英彦山《ひこさん》の麓《ふもと》、落合《おちあい》に住《す》んで、この体験《たいけん》を語《かた》り続《つづ》けています。

二〇十七年《にせんじゅうしちねん》　夏《なつ》

俳句

Haiku

Haiku is a very short, unrhymed Japanese poetic form, generally a three-line poem with a syllable structure that uses sensory language to capture a feeling or image. You will be introduced to some of the best-known Japanese Haiku such as those by Bashō and Buson and will be able to enjoy this art of expressing much and suggesting more in the fewest possible words.

Selection of Haiku by Chris Beckett and Isao Miura.

Haiku and Me by Chris Beckett translated by Suzuko Anai.

History of Haiku by Suzuko Anai.

Illustrations by Kenji Mori.

二俣トンネルの爆発

The Futamata Tunnel Explosion

On 12 November 1945, in the immediate post-war period, occupation troops disposed of 530 tons of ammunition in what was one of the largest man-made non-nuclear explosions ever seen, that of the Futamata Tunnel. The author, a young local survivor who lost his father in the disaster, describes the events of that day. This masterpiece of local history reveals the devastating effects, both human and environmental, the action had on the community.

Story by Morihiro Sasaki and retold by Suzuko Anai.

Illustrations by Kotaro Chiba.

紫式部

Lady Murasaki

Murasaki Shikibu, Lady Murasaki, was a Japanese novelist, poet and lady-in-waiting at the Imperial court during the Heian period (794-1185). She challenged the norms of society at the time by demonstrating an aptitude in classic Chinese which was seen as improper for females. This story is about the writer of a classic of Japanese literature – The Tale of Genji - which some claim to be one of the world's first modern novels.

Story by Akiko Yamanaka.

Illustrations by Kotaro Chiba.

赤い蝋燭と人魚

Red Candles and the Mermaids

Red Candles and the Mermaids is a famous story by Mimei Ogawa first published in a newspaper in 1921. An elderly couple raise a mermaid who hand-paints candles and makes their business prosper. But this soon turns to betrayal and all is lost.

Retold by Suzuko Anai.

Illustrations by Kenji Mori.

LRJ Levels	Characters per Story	Vocabulary Range (up to)	Europe - CEFR Levels	US - ACTFL Proficiency Guidelines
1	500 - 1500	500	A1	Novice
2	1500 - 2000	800	A2-1	Intermediate
3	2000 - 3000	1200	A2-2	Intermediate High
4	3000 - 5000	1500	B1-1	Advanced Low
5	5000 - 8000	2000	B1-2	Advanced Mid
6	8000 - 10000	3000	B2	Advanced High

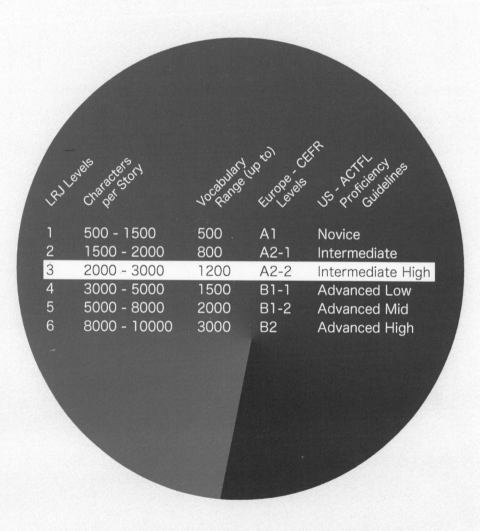